All-In Java

Maîtriser la Programmation Orientée Objet
avec Java en 10 jours

Laurent Baudrin

SOMMAIRE

3

Clause de non-responsabilité

« Les insectes ne s'attaquent qu'aux lumières qui brillent »

Le présent texte est une Clause de non-responsabilité s'appliquant à l'intégralité de ce livre. Le lecteur est informé que l'ensemble du contenu de ce livre est fourni à titre non contractuel et strictement destiné à des fins purement informatives.

L'auteur de ce livre ne fournit aucune déclaration, aucun engagement ni aucune garantie d'aucune nature, implicite ou explicite, quant à l'exactitude, la véracité, la fiabilité, l'applicabilité, l'adéquation ou l'exhaustivité des informations présentes dans ce livre. Le contenu de ce livre est susceptible d'avoir été produit et ou traduit à l'aide de mécanismes automatisés. En aucun cas, l'auteur de ce livre ne saurait être tenu responsable de la présence d'imperfections, d'erreurs, d'omissions, ou de l'inexactitude du contenu proposé dans ce livre.

Aucune utilisation des informations présentes dans ce livre, de quelque manière que ce soit, ne saurait ouvrir droit à un quelconque dédommagement ou compensation quel qu'en soit sa nature.

L'auteur de ce livre ne saurait en aucun cas être tenu responsable, d'aucune manière, de tout dommage ou préjudice, de quelque nature que ce soit, direct ou indirect, lié ou non à la négligence, pouvant entre autres, découler de l'utilisation de quelque manière que ce soit des informations contenues dans ce livre, et ce, que l'auteur soit ou non avisé de la possibilité de tels dommages.

Le lecteur demeure, en toutes circonstances, le seul et l'unique responsable de l'utilisation et de l'interprétation des informations figurant dans le présent livre et des conséquences qui pourraient en découler.

Toute utilisation du contenu de ce livre de quelque manière que ce soit s'effectue aux risques et périls du lecteur uniquement et n'engage, en aucun cas, aucune responsabilité d'aucune sorte de l'auteur de ce livre.

Si le lecteur ne comprend pas un mot ou une phrase de la présente Clause de non-responsabilité, ou qu'il n'en accepte pas en partie ou pleinement les termes, il doit obligatoirement renoncer à toute utilisation de ce livre et s'engage à le supprimer ou le détruire sans délai.

INTRODUCTION

La programmation en Java occupe une place de choix dans le monde de l'informatique depuis plus de deux décennies. Depuis sa création par Sun Microsystems en 1995, Java s'est imposé comme l'un des langages de programmation les plus populaires et influents. Ses caractéristiques de portabilité, de robustesse et de polyvalence en ont fait un choix privilégié pour le développement d'applications, des applications de bureau aux applications web, en passant par les dispositifs mobiles et les systèmes embarqués.

Ce livre a été conçu pour servir de guide complet à tous ceux qui souhaitent explorer et maîtriser le monde de la programmation en Java. Que vous soyez un novice en programmation cherchant à acquérir des compétences fondamentales ou un développeur expérimenté désirant approfondir vos connaissances, ce livre vous offre une ressource précieuse pour comprendre, pratiquer et exploiter Java de manière efficace.

Au fil des pages, vous découvrirez les concepts de base de la programmation en Java, depuis la syntaxe et la structure d'un programme Java jusqu'à la gestion des exceptions et la programmation orientée objet. Nous explorerons les bibliothèques et les API Java, vous apprendrez à interagir avec des bases de données, à créer des interfaces utilisateur graphiques, et à gérer les aspects avancés tels que le multithreading et l'optimisation des performances.

En plus de couvrir les bases, ce livre aborde également les développements récents et les tendances futures dans le monde de Java, notamment son rôle dans le cloud computing, les microservices et les technologies émergentes. Vous trouverez également des conseils pratiques, des exemples de code et des astuces pour vous aider à résoudre les défis de programmation courants.

Que vous souhaitiez devenir un développeur Java compétent ou que vous ayez besoin d'actualiser vos compétences pour rester pertinent dans le monde de l'informatique, ce livre est votre compagnon incontournable. Il vous guidera à travers un voyage captivant dans l'univers de Java, en vous aidant à devenir un programmateur Java accompli et compétent.

Alors, préparez-vous à plonger dans le monde de Java, à explorer ses concepts et à vous lancer dans des projets passionnants. Bienvenue dans l'univers de la programmation en Java, et bonne lecture !

Chapitre 1 : Introduction à la Programmation Java

a. Origines et Histoire de Java

Le développement de Java, un langage de programmation emblématique, trouve son origine dans les travaux menés par Sun Microsystems, une entreprise informatique californienne, à la fin des années 1980. À l'époque, l'évolution des technologies de l'information était marquée par une fragmentation des plates-formes et des langages, ce qui rendait la portabilité des applications informatiques particulièrement problématique. C'est dans ce contexte que l'équipe de développeurs dirigée par James Gosling entreprit de concevoir un langage de programmation qui allait surmonter ces défis.

Java prit ses racines en tant que projet interne au sein de Sun Microsystems, connu sous le nom de code "Oak". En 1991, Oak fut rebaptisé Java, inspiré par la fascination de l'équipe pour le café, une boisson courante dans les bureaux de Sun. L'objectif principal de Java était de créer un langage capable de fournir une portabilité totale des applications sur différentes plates-formes matérielles sans nécessiter de modifications substantielles. Cela a été accompli en créant une machine virtuelle Java (JVM), un composant clé permettant d'exécuter le code Java sur diverses plates-formes.

Une étape cruciale dans l'histoire de Java fut sa première version publique, Java 1.0, lancée en 199Cette version initiale a posé les bases du langage, avec des fonctionnalités de base telles que les classes, l'héritage, et la gestion des exceptions. Java a rapidement gagné en popularité grâce à sa simplicité, sa fiabilité et sa portabilité. Cependant, son succès s'est considérablement renforcé avec l'introduction de l'API Java 2 Platform, Standard Edition (J2SE), qui a apporté des améliorations significatives à la bibliothèque standard de Java.

Un moment charnière dans l'histoire de Java s'est produit en 2006 lorsque Sun Microsystems a libéré Java en tant que logiciel open source, sous le nom de projet OpenJDK (Java Development Kit). Cette démarche a favorisé la collaboration communautaire et a encouragé le développement d'implémentations alternatives de la JVM, telles que Apache Harmony et Oracle HotSpot.

Java a également été influencé par l'évolution de l'industrie informatique. L'acquisition de Sun Microsystems par Oracle Corporation en 2010 a eu un impact significatif sur l'avenir de Java, donnant lieu à des discussions et à des préoccupations au sein de la communauté Java concernant la gestion et la gouvernance du langage.

Aujourd'hui, Java reste l'un des langages de programmation les plus largement utilisés, avec une présence dominante dans des domaines allant du développement d'applications mobiles avec Android à la création de systèmes d'entreprise complexes. Son histoire est marquée par une constante évolution et un engagement envers la compatibilité ascendante, garantissant que le code Java écrit il y a des décennies peut encore fonctionner sur les versions les plus récentes, une caractéristique qui continue à le rendre pertinent et apprécié dans le monde de la programmation.

b. Environnement de Développement Java

L'environnement de développement Java, couramment désigné sous le terme d'IDE (Integrated Development Environment), représente un pilier essentiel dans la création d'applications Java. Cet environnement fournit un ensemble d'outils puissants et intégrés qui facilitent la création, la débogage et la gestion de projets Java. Dans cette section, nous explorerons en détail les composants clés de l'environnement de développement Java et son rôle crucial dans le processus de développement.

Éditeurs de Code : Les IDE Java offrent des éditeurs de code sophistiqués qui supportent la coloration syntaxique, l'autocomplétion, la mise en forme automatique et d'autres fonctionnalités destinées à accroître la productivité du développeur. Un exemple notable est IntelliJ IDEA, un IDE très populaire qui propose un éditeur de code Java riche en fonctionnalités.

Gestion de Projet : Les IDE simplifient la création, la configuration et la gestion des projets Java. Ils permettent de définir les dépendances, de gérer les bibliothèques externes et de structurer le code de manière organisée. Eclipse, un autre IDE de renom, excelle dans cette capacité de gestion de projets.

Compilation : La plupart des IDE Java incluent des outils de compilation intégrés. Lorsqu'un développeur écrit du code source, l'IDE le compile automatiquement en bytecode Java, prêt à être exécuté par la machine virtuelle Java (JVM).

Débogage : Les environnements de développement Java offrent des fonctionnalités avancées de débogage, permettant aux développeurs d'insérer des points d'arrêt, d'inspecter les variables en cours d'exécution et de suivre l'exécution pas à pas pour identifier et résoudre les erreurs. NetBeans, un IDE open source, propose des fonctionnalités de débogage puissantes.

Intégration de l'API Java : Les IDE fournissent un accès facile à la bibliothèque standard Java et aux API tierces. Ils permettent de parcourir la documentation, d'importer des classes et de générer automatiquement des importations pour faciliter l'utilisation des API.

Profilage de Code : Certains IDE Java proposent des outils de profilage de code avancés qui aident à identifier les goulots d'étranglement de performances, les fuites de mémoire et les zones de code problématiques. L'IDE VisualVM, inclus dans le JDK, est un exemple d'outil de profilage.

Extensions et Personnalisation : Les IDE Java sont souvent extensibles grâce à des plugins et des extensions. Les développeurs peuvent personnaliser leur environnement de développement en ajoutant des fonctionnalités supplémentaires. Par exemple, les utilisateurs de Visual Studio Code peuvent ajouter des extensions Java pour développer dans cet environnement.

c. Votre Premier Programme Java

La création du premier programme Java constitue un jalon fondamental pour tout développeur qui débute dans ce langage. Ce moment inaugural sert à illustrer les bases du langage, de la structure d'un programme Java à son processus de compilation et d'exécution. Dans cette section, nous allons examiner en détail les étapes et les concepts essentiels pour écrire, compiler et exécuter votre premier programme Java.

Structure d'un Programme Java : Un programme Java est structuré en classes. La classe principale, qui contient la méthode principale main, est le point d'entrée du programme. Voici un exemple simple de structure de classe Java :

java

```java
public class MonPremierProgramme {
    public static void main(String[] args) {
        // Le code de votre programme va ici
    }
}
```

Déclaration de Variables : Java est un langage fortement typé, ce qui signifie que vous devez déclarer le type de données de chaque variable que vous utilisez. Par exemple, pour déclarer une variable entière, vous pouvez utiliser :

java

```java
int monEntier = 42;
```

Sortie Console : Pour afficher des résultats à la console, vous pouvez utiliser la classe System.out et la méthode println :

java

```java
System.out.println("Bonjour, Monde !");
```

Commentaires : Les commentaires sont utiles pour documenter votre code. En Java, les commentaires commencent par // pour des commentaires sur une ligne ou /* et */ pour des commentaires sur plusieurs lignes.

Compilation du Programme : Pour compiler un programme Java, vous utilisez le compilateur Java (javac). Par exemple, si votre fichier source est "MonPremierProgramme.java", vous pouvez le compiler avec la commande suivante :

shell

```shell
javac MonPremierProgramme.java
```

Exécution du Programme : Après compilation, vous exécutez le programme à l'aide de la machine virtuelle Java (JVM) avec la commande :

shell

java MonPremierProgramme

Résultat : Une fois que le programme est exécuté, vous devriez voir la sortie sur la console, dans ce cas, "Bonjour, Monde !". Cela signifie que vous avez réussi à créer, compiler et exécuter votre premier programme Java.

La création de votre premier programme Java est une étape cruciale pour comprendre les bases du langage. Ce programme initial pose les fondations pour des projets plus complexes, en vous familiarisant avec la syntaxe, la structure et les outils nécessaires pour développer des applications Java. Cela marque le début d'un voyage enrichissant dans le monde de la programmation Java, où vous explorerez des concepts avancés et réaliserez des projets de plus en plus ambitieux.

Chapitre 2 : Concepts de Base en Java

a. Syntaxe et Structure d'un Programme Java

La syntaxe et la structure d'un programme Java constituent la base fondamentale sur laquelle repose tout code Java. Cette section explore en détail les éléments clés de la syntaxe Java et la structure générale d'un programme, mettant l'accent sur la nécessité de respecter les conventions pour assurer la lisibilité et la fonctionnalité du code.

Classes Java : Tout programme Java commence par la déclaration d'au moins une classe. Les classes servent de conteneurs pour les méthodes et les données. La classe principale, qui contient la méthode main, est l'entrée du programme.

Exemple de déclaration de classe :

java

```java
public class MaClasse {
  // Méthodes et données vont ici
}
```

Méthode main : Chaque programme Java doit contenir une méthode main, qui indique le point de départ de l'exécution. La méthode main a la signature suivante :

java

```java
public static void main(String[] args) {
  // Code d'exécution va ici
}
```

Blocs de Code : Les instructions Java sont regroupées dans des blocs de code délimités par des accolades {}. Les blocs définissent la portée des variables et le contexte d'exécution.

Exemple de bloc de code :

java

```
{
  int x = 5;
  System.out.println(x);
}
```

Instructions : Les instructions Java sont des commandes qui effectuent des actions. Elles se terminent généralement par un point-virgule ;. Par exemple, l'instruction System.out.println("Hello, World!"); affiche un message à la console.

Variables et Types de Données : Les variables sont utilisées pour stocker des données. En Java, vous devez déclarer le type de données d'une variable avant de l'utiliser.

Exemple de déclaration de variable :

java

int nombre = 42;

Conventions de Nommage : Java suit des conventions de nommage strictes. Les noms de classe commencent par une lettre majuscule (par exemple, MaClasse), les noms de variables commencent par une lettre minuscule (par exemple, nombre), et les noms composés utilisent la notation CamelCase (par exemple, maVariableLocale).

Commentaires : Les commentaires sont essentiels pour documenter le code. En Java, les commentaires sur une ligne commencent par //, tandis que les commentaires sur plusieurs lignes sont délimités par /* et */.

b. Opérations et Expressions

Les variables et les types de données sont des concepts fondamentaux en programmation Java, car ils permettent de stocker et de manipuler l'information. Cette section se penche sur les variables en Java, leurs types et comment les déclarer, initialiser et utiliser. Comprendre ces concepts est essentiel pour développer des programmes Java robustes et fonctionnels.

Déclaration de Variables : En Java, chaque variable doit être déclarée avec un type de données spécifique. Cette déclaration informe le compilateur sur le type de données que la variable peut contenir. Par exemple, pour déclarer une variable entière (int), vous pouvez utiliser la syntaxe suivante :

java

int monEntier;

Types de Données Primitifs : Java offre un ensemble de types de données primitifs, qui sont des types de base intégrés au langage. Ils comprennent les entiers (int, long), les nombres à virgule flottante (float, double), les caractères (char), les booléens (boolean), et d'autres. Par exemple, pour déclarer une variable de type float :

java

```java
float monFloat;
```

Affectation de Valeurs : Après la déclaration, vous pouvez affecter une valeur à une variable. L'opérateur d'affectation (=) est utilisé à cet effet.

java

```java
monEntier = 42;
```

Initialisation en une Étape : Il est possible de déclarer et d'initialiser une variable en une seule étape. Par exemple :

java

```
int monAutreEntier = 10;
```

Portée des Variables : Les variables en Java ont une portée (scope) qui définit où elles peuvent être utilisées. Les variables locales sont limitées à la méthode où elles sont déclarées, tandis que les variables de classe (ou membres) sont accessibles à toutes les méthodes de cette classe.

Conversion de Types (Casting) : Java nécessite parfois la conversion explicite de types de données pour effectuer des opérations. Par exemple, pour convertir un nombre en virgule flottante en un entier, vous pouvez utiliser un casting :

java

```java
double nombreDouble = 5.8;
int nombreEntier = (int) nombreDouble;
```

Constantes : En Java, les constantes sont déclarées à l'aide du mot-clé final, indiquant qu'elles ne peuvent pas être modifiées après leur initialisation. Par exemple :

java

```java
final int VALEUR_CONSTANTE = 100;
```

La compréhension des variables et des types de données est cruciale pour la création de programmes Java. Les types primitifs permettent de représenter différents types de données, tandis que les variables fournissent un moyen de stocker et de manipuler ces données. La portée des variables et les conversions de types sont des aspects importants de la programmation en Java qui nécessitent une attention particulière pour éviter les erreurs. En comprenant ces concepts de base, les développeurs sont mieux équipés pour créer des applications Java fonctionnelles et performantes.

c. Opérations et Expressions

Les opérations et les expressions sont des éléments fondamentaux de la programmation en Java, permettant de manipuler et de calculer des valeurs. Cette section explore en détail les opérations arithmétiques, les opérateurs de comparaison, les opérateurs logiques et l'évaluation des expressions, soulignant leur rôle crucial dans la création de programmes Java fonctionnels.

Opérations Arithmétiques : En Java, les opérations arithmétiques de base incluent l'addition (+), la soustraction (-), la multiplication (*), la division (/) et le modulo (%). Par exemple, pour effectuer une addition :

java

```
int resultat = 5 + 3; // résultat contient maintenant 8
```

Opérateurs de Comparaison : Les opérateurs de comparaison, tels que l'égalité (==), l'inégalité (!=), la supériorité (>), l'infériorité (<), la supériorité ou égalité (>=) et l'infériorité ou égalité (<=), permettent de comparer des valeurs. Par exemple, pour tester si deux valeurs sont égales :

java

```
boolean egal = (5 == 5); // egal contient true
```

Opérateurs Logiques : Les opérateurs logiques, tels que "et" logique (&&), "ou" logique (||) et "non" logique (!), sont utilisés pour combiner des expressions booléennes. Par exemple, pour vérifier si une condition est vraie ET une autre condition est vraie :

java

```java
boolean condition1 = true;
boolean condition2 = false;
boolean resultat = condition1 && condition2; // resultat contient false
```

Précédence des Opérateurs : En Java, les opérateurs ont des priorités définies. Par exemple, les opérations arithmétiques sont évaluées avant les opérateurs de comparaison, et les opérateurs logiques ont des priorités spécifiques. Vous pouvez utiliser des parenthèses pour contrôler l'ordre d'évaluation.

Opérations sur les Chaînes de Caractères : En plus des opérations numériques, Java prend en charge des opérations sur les chaînes de caractères. Par exemple, la concaténation de chaînes est réalisée avec l'opérateur + :

java

```
String prenom = "Jean";
String nom = "Dupont";
String nomComplet = prenom + " " + nom; // nomComplet contient "Jean Dupont"
```

Evaluation des Expressions : Les expressions Java sont évaluées de gauche à droite, en respectant la précédence des opérateurs. L'évaluation se fait étape par étape, en prenant en compte les valeurs intermédiaires.

Expressions Complexes : Les expressions Java peuvent être complexes, combinant différents types d'opérations, d'opérateurs logiques et de comparaisons. La compréhension de l'ordre d'évaluation et de la précédence des opérateurs est essentielle pour anticiper le comportement des expressions complexes.

Chapitre 3 : Contrôle de Flux

a. Structures de Contrôle Conditionnelles

Les structures de contrôle conditionnelles sont un élément fondamental de la programmation en Java, permettant d'introduire de la logique dans l'exécution des programmes. Cette section se penche sur les structures de contrôle conditionnelles en Java, notamment les instructions if, else if, else, les opérateurs conditionnels et les expressions conditionnelles, en soulignant leur rôle crucial dans le contrôle du flux d'exécution.

L'instruction if : L'instruction if permet d'exécuter un bloc de code si une condition est vraie. Par exemple, pour vérifier si un nombre est supérieur à zéro :

java

```java
int nombre = 5;
if (nombre > 0) {
    // Code exécuté si 'nombre' est supérieur à
zéro
}
```

L'instruction else : L'instruction else est utilisée pour exécuter un autre bloc de code si la condition de l'instruction if est fausse. Par exemple, pour gérer le cas où un nombre est négatif :

java

```java
if (nombre > 0) {
    // Code exécuté si 'nombre' est supérieur à
zéro
} else {
    // Code exécuté si 'nombre' est inférieur ou
égal à zéro
}
```

L'instruction else if : L'instruction else if permet de tester plusieurs conditions en cascade. Par exemple, pour classer un nombre en fonction de sa valeur :

java

```java
if (nombre > 0) {
    // Code exécuté si 'nombre' est supérieur à zéro
} else if (nombre < 0) {
    // Code exécuté si 'nombre' est inférieur à zéro
} else {
    // Code exécuté si 'nombre' est égal à zéro
}
```

Opérateurs Conditionnels : Java propose des opérateurs conditionnels tels que l'opérateur ternaire ? : pour écrire des expressions conditionnelles. Par exemple, pour déterminer la valeur maximale entre deux nombres :

java

```java
int a = 10;
int b = 20;
int maximum = (a > b) ? a : b; // maximum contient 20
```

Comparaisons Complexes : Les structures de contrôle conditionnelles peuvent gérer des expressions complexes en utilisant des opérateurs logiques tels que && (et logique) et || (ou logique). Par exemple, pour vérifier si un nombre est à la fois positif et pair :

java

```java
if (nombre > 0 && nombre % 2 == 0) {
    // Code exécuté si 'nombre' est à la fois positif et pair
}
```

Evaluation Séquentielle : Les structures conditionnelles sont évaluées séquentiellement, ce qui signifie que les conditions sont testées dans l'ordre jusqu'à ce qu'une condition soit vraie, ou que la clause else soit atteinte.

Portée des Variables : Les variables déclarées à l'intérieur d'un bloc conditionnel sont locales à ce bloc et ne sont pas accessibles en dehors. Il est essentiel de comprendre la portée des variables dans le contexte des structures de contrôle conditionnelles.

b. Boucles et Itérations

Les boucles et itérations sont des structures de contrôle essentielles en programmation Java, permettant de répéter des actions ou des traitements sur un ensemble de données. Cette section explore en détail les différentes boucles en Java, notamment les boucles for, while, et do-while, ainsi que leur utilisation dans la résolution de problèmes.

Boucle for : La boucle for est utilisée pour exécuter un bloc de code un nombre spécifié de fois. Elle se compose de trois parties : l'initialisation, la condition de continuation, et la mise à jour. Par exemple, pour afficher les nombres de 1 à 5 :

java

```java
for (int i = 1; i <= 5; i++) {
   System.out.println(i);
}
```

Boucle while : La boucle while répète un bloc de code tant qu'une condition est vraie. Elle vérifie la condition avant chaque itération. Par exemple, pour afficher les carrés des nombres jusqu'à ce qu'un carré atteigne 100 :

java

```java
int nombre = 1;
while (nombre * nombre <= 100) {
```

```java
System.out.println(nombre * nombre);
nombre++;
}
```

Boucle do-while : La boucle do-while est similaire à la boucle while, mais elle garantit qu'au moins une itération est exécutée avant de vérifier la condition. Par exemple, pour lire une valeur tant que l'utilisateur ne saisit pas un nombre positif :

java

```java
int valeur;
do {
   valeur = lireValeur();
} while (valeur <= 0);
```

Instructions de Contrôle : Les boucles peuvent être contrôlées à l'aide d'instructions telles que break pour sortir prématurément d'une boucle, ou continue pour passer à l'itération suivante.

Ces instructions permettent de gérer des scénarios particuliers.

Boucles Infinies : Les boucles infinies, où la condition de sortie n'est jamais satisfaite, sont à éviter. Une boucle infinie peut provoquer des blocages dans l'exécution du programme.

Boucles et Tableaux : Les boucles sont couramment utilisées pour parcourir des tableaux et des collections de données. Par exemple, pour afficher tous les éléments d'un tableau :

java

```java
int[] tableau = {1, 2, 3, 4, 5};
for (int element : tableau) {
    System.out.println(element);
}
```

Séquençage d'Opérations : Les boucles permettent de séquencer efficacement des opérations répétitives, que ce soit pour effectuer des calculs, rechercher des éléments, ou effectuer des mises à jour sur des données.

c. Gestion des Exceptions en Java

La gestion des exceptions est un aspect crucial de la programmation en Java, permettant de gérer des situations imprévues et d'assurer la robustesse des applications. Cette section explore en détail la gestion des exceptions en Java, notamment les mécanismes des exceptions, les blocs try, catch, finally, les types d'exceptions, et la hiérarchie des classes d'exceptions.

Mécanisme des Exceptions : En Java, les exceptions sont des objets spéciaux qui signalent des situations exceptionnelles, telles que des erreurs de saisie, des problèmes de fichiers manquants ou des opérations arithmétiques incorrectes. Les exceptions interrompent le flux d'exécution normal et cherchent un gestionnaire approprié.

Blocs try, catch, et finally : La gestion des exceptions en Java repose sur les blocs try, catch, et finally. Le bloc try entoure le code sujet aux exceptions. Le bloc catch permet de capturer et de traiter les exceptions, tandis que le bloc finally exécute un code quel que soit le résultat.

Types d'Exceptions : Java distingue entre les exceptions vérifiées (checked exceptions) et les exceptions non vérifiées (unchecked exceptions). Les exceptions vérifiées, telles que IOException, doivent être déclarées explicitement dans la signature de la méthode ou gérées avec des blocs try-catch. Les exceptions non vérifiées, telles que NullPointerException, n'ont pas besoin d'être déclarées.

Gestion des Exceptions Vérifiées : Pour gérer des exceptions vérifiées, les développeurs peuvent utiliser des blocs try-catch ou déclarer que la méthode lance l'exception avec le mot-clé throws. Par exemple :

java

```
public void lireFichier() throws IOException {
    // Code de lecture de fichier
}
```

Hiérarchie des Exceptions : Java propose une hiérarchie de classes d'exceptions, dont Throwable est la classe de base. Les exceptions sont organisées en catégories telles que RuntimeException et IOException, permettant de gérer différents types de problèmes.

Création d'Exceptions Personnalisées : Les développeurs peuvent créer leurs propres exceptions personnalisées en étendant la classe Exception. Cela permet de gérer des situations spécifiques et de fournir des informations détaillées aux gestionnaires d'exceptions.

Utilisation du Bloc finally : Le bloc finally est utilisé pour exécuter des actions de nettoyage, telles que la fermeture de ressources, indépendamment du résultat d'une opération dans un bloc try-catch. Cela garantit que les ressources sont libérées correctement.

La gestion des exceptions en Java est une compétence essentielle pour développer des applications fiables et robustes. Comprendre la hiérarchie des exceptions, les blocs try, catch, et finally, ainsi que la création d'exceptions personnalisées, est essentiel pour traiter les situations exceptionnelles de manière appropriée. La distinction entre exceptions vérifiées et non vérifiées permet de choisir les meilleures pratiques en matière de gestion des exceptions pour un code Java propre et fiable.

Chapitre 4 : Fonctions et Méthodes

a. Définition de Fonctions

En programmation, une fonction est une structure fondamentale permettant de créer des modules autonomes et réutilisables de code. Les fonctions jouent un rôle central dans l'organisation, la modularité et la gestion de la complexité des programmes. Elles encapsulent des blocs d'instructions et fournissent un mécanisme pour effectuer des tâches spécifiques de manière structurée et claire.

Signature d'une Fonction : Une fonction est caractérisée par sa signature, qui comprend son nom, ses paramètres d'entrée (si requis) et son type de retour. La signature indique comment la fonction peut être appelée et quel résultat elle renvoie. Par exemple, voici la signature d'une fonction Java qui calcule la somme de deux entiers :

java

```
int somme(int a, int b);
```

Paramètres d'Entrée : Les paramètres d'entrée d'une fonction sont des valeurs que la fonction utilise pour effectuer ses opérations. Les valeurs passées en paramètres lors de l'appel de la fonction sont accessibles à l'intérieur de celle-ci. Par exemple, dans la fonction somme précédente, les paramètres a et b sont utilisés pour effectuer l'opération de somme.

Type de Retour : Chaque fonction a un type de retour qui spécifie le type de valeur renvoyé par la fonction. Dans notre exemple, la fonction somme renvoie un entier (int).

Bloc de Code : Le corps d'une fonction est un bloc de code contenant des instructions qui définissent le comportement de la fonction. Ce bloc est encadré par des accolades {}. Les instructions à l'intérieur de la fonction sont exécutées lorsque la fonction est appelée.

Appel de Fonction : Pour utiliser une fonction, vous devez l'appeler en fournissant les valeurs des paramètres appropriés. L'appel de fonction déclenche l'exécution du code de la fonction. Par exemple, pour appeler la fonction somme, vous feriez :

java

int resultat = somme(3, 4);

Modularité et Réutilisation : Les fonctions permettent de diviser un programme en modules autonomes, ce qui facilite la gestion et la maintenance du code. Les fonctions bien conçues peuvent être réutilisées dans différentes parties du programme, évitant ainsi la duplication de code.

Abstraction : Les fonctions créent un niveau d'abstraction qui permet aux développeurs de se concentrer sur ce que fait une fonction plutôt que sur comment elle le fait. Cela favorise une meilleure compréhension du code et une séparation des préoccupations, ce qui est essentiel pour la qualité logicielle.

b. Paramètres et Retours de Fonctions

En programmation, les paramètres et les retours de fonctions sont des éléments clés pour la conception de fonctions et de méthodes. Les paramètres permettent de passer des données à une fonction, tandis que les retours renvoient des résultats ou des valeurs depuis la fonction. Cette section explore en détail ces deux aspects, leurs rôles et leurs utilisations dans la programmation.

Paramètres de Fonctions : Les paramètres sont des données que l'on transmet à une fonction lors de son appel. Ils fournissent des informations ou des valeurs nécessaires à l'exécution de la fonction. Les paramètres sont déclarés dans la signature de la fonction et servent de variables locales à l'intérieur de la fonction.

Exemple de Paramètres : En Java, une fonction peut accepter des paramètres pour effectuer une opération spécifique. Par exemple, une fonction multiplier peut prendre deux nombres en entrée et renvoyer leur produit :

java

```java
public int multiplier(int a, int b) {
    return a * b;
}
```

Types de Paramètres : Les paramètres peuvent être de différents types, tels que des entiers, des chaînes de caractères, des tableaux, ou même d'autres fonctions. Le choix du type de paramètre dépend de la tâche à accomplir.

Retours de Fonctions : Les retours de fonctions sont les valeurs que renvoie une fonction une fois son exécution terminée. Ils permettent d'obtenir le résultat d'une opération ou de récupérer des données calculées à l'intérieur de la fonction.

Exemple de Retours : En Java, la fonction multiplier renvoie le produit de ses paramètres. Lorsque la fonction est appelée, le résultat peut être stocké dans une variable ou utilisé immédiatement :

java

```
int resultat = multiplier(5, 4); // resultat contient 20
```

Utilité des Paramètres et des Retours : Les paramètres permettent à une fonction d'accepter des données variées, ce qui la rend flexible et réutilisable. Les retours fournissent un moyen de communiquer le résultat d'une opération, ce qui facilite la récupération et l'utilisation des données calculées.

Nombre de Paramètres : Le nombre de paramètres acceptés par une fonction peut varier en fonction de ses besoins. Certaines fonctions n'acceptent aucun paramètre, tandis que d'autres en acceptent plusieurs. Il est important de bien gérer le nombre de paramètres pour éviter la complexité excessive des fonctions.

c. Méthodes de Classe et Méthodes d'Instance

En programmation orientée objet, les méthodes de classe et les méthodes d'instance sont des éléments essentiels pour encapsuler le comportement des objets et des classes. Cette section explore en détail ces deux types de méthodes, leurs différences, leurs usages et leurs avantages dans le contexte de la programmation orientée objet.

Méthodes de Classe : Les méthodes de classe, parfois appelées méthodes statiques, sont liées à la classe plutôt qu'à une instance spécifique. Elles sont invoquées à l'aide du nom de la classe, sans nécessiter la création d'une instance de cette classe. Les méthodes de classe sont utilisées pour des comportements qui ne dépendent pas de l'état particulier d'un objet.

Exemple de Méthode de Classe : En Java, une méthode de classe peut être utilisée pour effectuer des opérations mathématiques simples. Par exemple, une méthode de classe dans une classe MathUtil pourrait calculer la somme de deux nombres sans nécessiter une instance de MathUtil :

java

```java
public class MathUtil {
  public static int addition(int a, int b) {
    return a + b;
  }
}
```

Méthodes d'Instance : Les méthodes d'instance sont liées à une instance particulière de la classe. Elles sont invoquées sur un objet créé à partir de cette classe et peuvent accéder aux données spécifiques à cette instance. Les méthodes d'instance sont utilisées pour encapsuler le comportement qui dépend de l'état de l'objet.

Exemple de Méthode d'Instance : En Java, une méthode d'instance pourrait être utilisée pour définir le comportement d'un objet Personne. Par exemple, une méthode d'instance sePresenter pourrait renvoyer une chaîne de caractères basée sur le nom de la personne :

java

```java
public class Personne {
  private String nom;

  public Personne(String nom) {
    this.nom = nom;
  }

  public String sePresenter() {
    return "Bonjour, je m'appelle " + nom + ".";
  }
}
```

Accès aux Données : Les méthodes de classe n'ont pas accès aux données spécifiques à une instance, car elles sont déconnectées de l'état de l'objet. En revanche, les méthodes d'instance peuvent accéder aux variables d'instance et les utiliser dans leur logique.

Utilisation Appropriée : Le choix entre une méthode de classe et une méthode d'instance dépend du comportement que vous souhaitez encapsuler. Les méthodes de classe conviennent aux opérations globales qui n'ont pas besoin de connaître l'état d'un objet particulier. Les méthodes d'instance sont adaptées pour gérer le comportement spécifique à un objet et utilisent les données stockées dans cet objet.

Utilisation Combinée : En pratique, les méthodes de classe et d'instance sont souvent utilisées ensemble. Les méthodes de classe fournissent des fonctionnalités générales accessibles sans créer d'instances, tandis que les méthodes d'instance permettent de modéliser le comportement des objets individuels. Cette combinaison offre une grande flexibilité dans la conception des classes et des objets.

Chapitre 5 : Programmes Orientés Objet en Java

a. Principes de la Programmation Orientée Objet

La programmation orientée objet (POO) est un paradigme de programmation qui repose sur des concepts fondamentaux visant à organiser et structurer le code de manière modulaire. Les principes de la POO sont cruciaux pour la conception de systèmes logiciels robustes, flexibles et maintenables. Cette section explore en détail les principes clés de la POO et leurs applications pratiques.

Encapsulation : L'encapsulation consiste à regrouper les données (attributs) et les méthodes (comportements) au sein d'une classe. Une classe expose une interface qui définit comment les autres parties du code peuvent interagir avec elle, tout en cachant les détails d'implémentation internes.

Exemple d'Encapsulation : En Java, une classe CompteBancaire encapsule les détails d'un compte bancaire, tels que le solde et les opérations. Les méthodes de cette classe permettent d'accéder et de manipuler ces données de manière contrôlée.

java

```java
public class CompteBancaire {
    private double solde;

    public void deposer(double montant) {
        // Logique pour ajouter de l'argent au solde
    }

    public double getSolde() {
        return solde;
    }
}
```

Héritage : L'héritage permet de créer de nouvelles classes en se basant sur des classes existantes. Une classe dérivée (ou sous-classe) peut hériter des attributs et des méthodes de sa classe mère (ou superclasse), ce qui favorise la réutilisation du code et l'organisation hiérarchique des classes.

Exemple d'Héritage : En Java, une classe Rectangle peut hériter de la classe Forme, en héritant des propriétés communes telles que la position et la couleur, tout en ajoutant des attributs spécifiques à un rectangle, tels que la largeur et la hauteur.

Polymorphisme : Le polymorphisme permet à des objets de différentes classes de répondre de manière similaire à des appels de méthodes. Cela simplifie le code en permettant de traiter différents types d'objets de manière générique.

Exemple de Polymorphisme : En Java, le polymorphisme peut être illustré par une interface Dessinable implémentée par différentes classes, telles que Cercle et Triangle. Chaque classe a sa propre implémentation de la méthode dessiner, mais elles peuvent être utilisées de manière polymorphe.

java

```java
interface Dessinable {
  void dessiner();
}

class Cercle implements Dessinable {
  public void dessiner() {
    // Dessiner un cercle
  }
}

class Triangle implements Dessinable {
  public void dessiner() {
    // Dessiner un triangle
```

```
    }
}
```

Abstraction : L'abstraction consiste à simplifier la réalité en isolant les aspects essentiels et en masquant les détails inutiles. Les classes abstraites et les interfaces sont des mécanismes permettant de créer des modèles abstraits pour les objets.

Exemple d'Abstraction : En POO, une classe abstraite Figure peut définir une méthode aire sans fournir d'implémentation. Les classes dérivées, telles que Cercle et Rectangle, doivent fournir leur propre implémentation de aire.

Cohésion : La cohésion se réfère à la mesure dans laquelle les attributs et les méthodes d'une classe sont liés et travaillent ensemble pour accomplir un objectif spécifique. Une bonne conception orientée objet vise à maximiser la cohésion en évitant les classes surchargées avec des responsabilités disparates.

Exemple de Cohésion : Une classe GestionnaireFichier devrait contenir des méthodes cohérentes liées à la manipulation de fichiers, telles que lireFichier et écrireFichier. Des méthodes non liées, telles que calculerImpôt, devraient être gérées dans une classe distincte.

Couplage : Le couplage mesure la dépendance entre les classes. Une faible dépendance entre les classes est souhaitable, car elle rend le système plus flexible et facilite la maintenance. Les classes doivent interagir de manière minimale.

Exemple de Couplage : Une classe Facture peut contenir une référence à une classe Client. Cependant, une conception faiblement couplée garantit que Facture n'a pas besoin de connaître tous les détails internes de Client pour accomplir ses tâches.

Réutilisation : La réutilisation du code est l'un des avantages les plus importants de la POO. Les classes bien conçues peuvent être réutilisées dans de nouveaux projets, réduisant ainsi le temps de développement et améliorant la qualité du logiciel.

b. Classes et Objets

En programmation orientée objet (POO), les classes et les objets sont les composants de base qui permettent de modéliser des entités, des concepts ou des objets du monde réel dans le code informatique. Comprendre ces concepts est essentiel pour la création de logiciels orientés objet. Cette section explore en détail les classes et les objets, leurs rôles, leurs caractéristiques et leurs applications pratiques.

Classes : Les classes sont des modèles ou des plans de conception pour créer des objets. Elles définissent la structure et le comportement des objets, y compris les attributs (variables) et les méthodes (fonctions). Les classes sont les entités à partir desquelles les objets sont instanciés.

Exemple de Classe : En Java, une classe Personne pourrait définir les attributs (nom, âge, adresse) et les méthodes (sePrésenter, changerAdresse) qui décrivent une personne.

java

```java
public class Personne {
    String nom;
    int age;
    String adresse;

    public void sePresenter() {
        // Logique pour se présenter
    }

    public void changerAdresse(String nouvelleAdresse) {
```

```java
    // Logique pour changer l'adresse
  }
}
```

Objets : Les objets sont les instances concrètes des classes. Ils sont créés à partir d'une classe en utilisant un processus appelé instanciation. Chaque objet possède ses propres valeurs d'attributs et peut exécuter les méthodes de la classe à partir de laquelle il a été créé.

Exemple d'Objet : En Java, un objet personne1 peut être créé à partir de la classe Personne et avoir ses propres valeurs pour les attributs.

java

```java
Personne personne1 = new Personne();
personne1.nom = "Alice";
personne1.age = 30;
personne1.adresse = "123 Rue Principale";
```

Attributs : Les attributs sont des variables définies dans une classe, représentant les caractéristiques ou les données de chaque objet créé à partir de cette classe. Ils définissent l'état de l'objet.

Méthodes : Les méthodes sont des fonctions définies dans une classe, spécifiant le comportement des objets de cette classe. Les méthodes permettent aux objets d'effectuer des actions et d'interagir avec d'autres objets.

Encapsulation : L'encapsulation est un principe de la POO qui consiste à regrouper les attributs et les méthodes dans une classe et à contrôler l'accès à ces éléments. Elle permet de cacher les détails internes de la classe, évitant ainsi l'accès direct aux attributs.

Constructeurs : Les constructeurs sont des méthodes spéciales utilisées pour initialiser les objets dès leur création. Ils sont souvent utilisés pour définir les valeurs initiales des attributs.

Exemple de Constructeur : En Java, une classe peut avoir un constructeur pour initialiser les attributs lors de la création de l'objet.

java

```java
public class Personne {
  String nom;
  int age;

  public Personne(String nom, int age) {
    this.nom = nom;
    this.age = age;
  }
}
```

Réutilisation : Les classes favorisent la réutilisation du code. Une classe bien conçue peut être utilisée pour créer de nombreux objets similaires, ce qui réduit la duplication du code et facilite la maintenance.

c. Héritage et Polymorphisme

L'héritage et le polymorphisme sont deux concepts fondamentaux de la programmation orientée objet (POO) qui favorisent la réutilisation, la modularité et l'extensibilité du code. Ces concepts permettent de créer des hiérarchies de classes et de rendre le code plus générique et flexible. Cette section explore en détail l'héritage et le polymorphisme, leurs applications et leurs avantages dans le contexte de la POO.

Héritage : L'héritage est un mécanisme qui permet à une classe (appelée sous-classe ou classe dérivée) d'hériter des attributs et des méthodes d'une autre classe (appelée superclasse ou classe de base). Les sous-classes peuvent ainsi étendre ou spécialiser le comportement de la superclasse tout en conservant ses fonctionnalités de base.

Exemple d'Héritage : En Java, une classe Véhicule pourrait être une superclasse contenant des attributs et des méthodes communs à tous les véhicules. Une sous-classe Voiture pourrait hériter de Véhicule et ajouter des attributs et des méthodes spécifiques aux voitures, tels que la vitesse maximale.

Polymorphisme : Le polymorphisme permet à des objets de classes différentes de répondre de manière similaire à des appels de méthodes. Cela permet de traiter des objets de manière générique sans avoir à connaître leur type exact, ce qui facilite la création de code réutilisable.

Exemple de Polymorphisme : En Java, le polymorphisme peut être illustré par une interface Dessinable implémentée par différentes classes, telles que Cercle et Triangle. Chaque classe a sa propre implémentation de la méthode dessiner, mais elles peuvent être utilisées de manière polymorphe.

Hiérarchie de Classes : L'héritage permet de créer des hiérarchies de classes, où des classes dérivées peuvent elles-mêmes servir de superclasses pour d'autres classes. Cette hiérarchie facilite la modélisation des objets du monde réel et la réutilisation du code.

Extensibilité : L'héritage permet d'ajouter de nouvelles fonctionnalités à une classe existante sans modifier son code. Cela rend le code plus extensible et moins sujet aux erreurs, car les modifications sont localisées dans les sous-classes.

Réutilisation : L'héritage et le polymorphisme favorisent la réutilisation du code. Les classes de base bien conçues peuvent être utilisées pour créer de nombreuses sous-classes, évitant ainsi la duplication inutile du code.

Gestion Générique : Le polymorphisme permet de gérer des collections d'objets de manière générique, sans avoir à connaître le type précis de chaque objet. Cela simplifie la gestion des données et la création de structures de données flexibles.

Abstraction et Flexibilité : L'héritage et le polymorphisme favorisent l'abstraction en permettant de créer des classes génériques qui définissent le comportement de base tout en autorisant des spécialisations. Cela rend le code plus flexible et moins dépendant de détails d'implémentation.

Chapitre 6 : Gestion de la Mémoire

a. Collecte des Déchets

La collecte des déchets en Java est un concept essentiel dans la gestion de la mémoire et la libération des ressources utilisées par un programme. Dans un environnement de programmation, la gestion des déchets vise à récupérer automatiquement la mémoire occupée par les objets qui ne sont plus utilisés, évitant ainsi les fuites de mémoire. Cette section explore en détail la gestion des déchets en Java, y compris les principes, les techniques et les avantages de cette approche.

Le Ramasse-Miettes (Garbage Collector) : En Java, le ramasse-miettes est un composant intégré du langage et de la machine virtuelle. Il est responsable de la collecte automatique des objets non référencés et de la libération de la mémoire associée. Le ramasse-miettes s'exécute de manière périodique en arrière-plan, identifiant les objets inutilisés pour les supprimer.

Gestion des Références : La collecte des déchets repose sur le suivi des références aux objets. Lorsqu'un objet n'a plus de références actives (c'est-à-dire qu'il n'est plus accessible depuis le code), il devient admissible à la collecte.

Avantages de la Gestion des Déchets : La gestion des déchets en Java simplifie grandement le développement en évitant aux programmeurs de se préoccuper de la libération manuelle de la mémoire. Cela réduit les risques de fuites de mémoire et de bogues liés à la gestion des ressources.

Les Méthodes finalize() et System.gc() : Java offre une méthode finalize() qui permet à un objet de spécifier des actions de nettoyage avant d'être collecté. Cependant, l'utilisation de cette méthode est généralement déconseillée en faveur de techniques plus robustes. De plus, la méthode System.gc() permet de forcer l'exécution du ramasse-miettes, bien que son utilisation ne soit généralement pas recommandée.

Gestion des Références Fortes et Faibles : Java propose plusieurs types de références, notamment les références fortes, faibles, douces et fantômes. La gestion des déchets utilise ces types pour contrôler le comportement de la collecte en fonction de la persistance des références.

Techniques de Collecte Avancées : Java propose plusieurs algorithmes de collecte des déchets, tels que le ramasse-miettes G1 (Garbage-First) et le ramasse-miettes CMS (Concurrent Mark-Sweep). Ces techniques avancées sont adaptées à différents types d'applications et de charges de travail.

Bonnes Pratiques : Pour une gestion efficace des déchets en Java, il est essentiel de libérer les ressources manuellement lorsque cela est nécessaire, d'éviter la création inutile d'objets, de minimiser l'utilisation de références fortes lorsque des références plus faibles suffisent, et de surveiller les performances pour détecter les éventuelles fuites de mémoire.

b. Gestion des Références

La gestion des références est un concept central dans la programmation orientée objet (POO) et revêt une importance particulière dans les langages de programmation modernes, tels que Java. Elle concerne la manière dont les objets sont référencés, utilisés et libérés dans un programme. Cette section se penche sur les différentes formes de gestion des références, leurs implications et leurs applications pratiques.

Références dans la POO : En POO, les objets sont manipulés par le biais de références. Une référence est essentiellement un lien ou une adresse qui pointe vers un objet en mémoire. Elle permet d'accéder aux attributs et méthodes de cet objet.

Références Fortes : Les références fortes sont les références par défaut en Java. Elles empêchent la suppression de l'objet tant qu'une référence forte pointe vers lui. Un objet avec au moins une référence forte est considéré comme actif et ne peut pas être collecté par le ramasse-miettes.

Références Faibles : Les références faibles permettent aux objets d'être collectés par le ramasse-miettes même s'il existe uniquement des références faibles pointant vers eux. Elles sont utiles pour des cas où les objets ne sont nécessaires que temporairement ou en option.

Références Douces : Les références douces sont similaires aux références faibles, mais elles sont plus persistantes. Les objets ne sont collectés que lorsque le système est sous pression en termes de mémoire.

Références Fantômes : Les références fantômes (ou « phantom references ») sont utilisées en conjonction avec des références de nettoyage pour effectuer des actions personnalisées lorsqu'un objet est collecté.

Exemple de Gestion des Références : En Java, un exemple concret de gestion des références est l'utilisation de la classe WeakReference pour créer une référence faible vers un objet. Cela permet à l'objet d'être collecté même si la seule référence qui pointe vers lui est une référence faible.

java

```java
Object monObjet = new Object();
```

```
WeakReference<Object> referenceFaible = new
WeakReference<>(monObjet);
monObjet = null; // L'objet n'a plus de
références fortes
```

Utilisations Pratiques : La gestion des
références est cruciale pour la gestion de la
mémoire, la création de caches temporaires, la
gestion de pools d'objets et la mise en œuvre de
structures de données avancées telles que les
listes chaînées. Elle permet de contrôler
finement le moment où les objets sont collectés
et de garantir l'efficacité de la mémoire.

c. Fuites de Mémoire et Optimisation

Les fuites de mémoire sont un problème
courant en programmation et peuvent entraîner
des ralentissements du système, des plantages
d'application et une mauvaise utilisation des
ressources. Pour éviter ces problèmes, les
programmeurs doivent comprendre les causes

des fuites de mémoire et mettre en œuvre des techniques d'optimisation. Cette section explore en détail les fuites de mémoire, leurs causes, et les meilleures pratiques pour optimiser la gestion de la mémoire.

Fuites de Mémoire : Une fuite de mémoire se produit lorsqu'un programme alloue de la mémoire, mais ne la libère pas correctement, ce qui entraîne une utilisation excessive de la mémoire vive au fil du temps.

Causes des Fuites de Mémoire : Les fuites de mémoire peuvent être causées par des références non utilisées, des boucles de rétroaction de références, des ressources non libérées (fichiers, sockets), des gestionnaires d'événements mal gérés, ou des objets conservés inutilement dans des caches.

Détection des Fuites de Mémoire : La détection des fuites de mémoire peut être réalisée en utilisant des outils de profilage de mémoire, qui permettent de surveiller l'allocation et la libération de mémoire pendant l'exécution du programme.

Nettoyage de la Mémoire : Pour éviter les fuites de mémoire, il est essentiel de libérer correctement les ressources allouées. Cela inclut la fermeture de fichiers, la suppression d'objets inutilisés, la désinscription des gestionnaires d'événements, et la gestion des références fortes, faibles, douces et fantômes.

Optimisation de la Mémoire : L'optimisation de la mémoire implique l'utilisation judicieuse des structures de données, la minimisation de l'allocation dynamique de mémoire, l'élimination de variables inutiles, et la gestion efficace des objets temporaires.

Exemple de Fuite de Mémoire : En Java, une fuite de mémoire peut se produire si un développeur oublie de fermer un fichier après l'avoir ouvert. Par exemple :

java

```java
FileOutputStream fichier = new FileOutputStream("monfichier.txt");
// Code pour écrire dans le fichier
// Le fichier n'est pas fermé, ce qui peut provoquer une fuite de mémoire
```

Bonnes Pratiques d'Optimisation : Pour éviter les fuites de mémoire et optimiser la gestion de la mémoire, il est recommandé de suivre des pratiques telles que la libération systématique des ressources, la gestion attentive des caches, l'utilisation de structures de données appropriées, et l'attention aux scénarios de références circulaires.

Chapitre 7 : Bibliothèques et API Java

a. Utilisation de Bibliothèques Standard

Les bibliothèques standard jouent un rôle crucial dans le développement de logiciels, en offrant une collection de fonctions, de classes et d'utilitaires prêts à l'emploi. Elles sont essentielles pour gagner du temps, améliorer la qualité du code et favoriser la réutilisation. Cette section se penche sur l'importance de l'utilisation des bibliothèques standard, les principaux avantages qu'elles offrent et fournit des exemples concrets de leur utilisation.

Importance des Bibliothèques Standard : Les bibliothèques standard sont un ensemble de modules préexistants qui couvrent un large éventail de fonctionnalités couramment utilisées en développement logiciel, telles que la gestion des entrées/sorties, les opérations mathématiques, la manipulation de chaînes de caractères, la gestion des dates, les structures de données, et bien d'autres. Leur utilisation permet d'accélérer le développement en évitant de réinventer la roue.

Gain de Temps : Les bibliothèques standard sont conçues pour être efficaces et stables. En les utilisant, les développeurs évitent de devoir créer et tester leur propre code pour des tâches communes, ce qui réduit considérablement le temps nécessaire pour développer des fonctionnalités.

Amélioration de la Qualité : Les bibliothèques standard sont généralement largement testées et maintenues, ce qui réduit les risques d'erreurs dans le code. De plus, elles suivent souvent les meilleures pratiques de développement, ce qui améliore la qualité globale du logiciel.

Exemples d'Utilisation : En Python, la bibliothèque standard offre une multitude de modules utiles. Par exemple, le module datetime permet de gérer facilement les dates et les heures, le module os permet d'interagir avec le système d'exploitation, et le module math fournit des fonctions mathématiques avancées.

python

```python
import datetime

maintenant = datetime.datetime.now()
print(maintenant)

import os

repertoire_courant = os.getcwd()
print(repertoire_courant)

import math
```

```
racine_carree = math.sqrt(25)
print(racine_carree)
```

Réutilisation du Code : L'utilisation des bibliothèques standard favorise la réutilisation du code. Une fois qu'un développeur a appris à utiliser une bibliothèque, il peut réutiliser cette connaissance dans de multiples projets.

Cohérence et Portabilité : Les bibliothèques standard fournissent un ensemble cohérent d'outils et de fonctionnalités, ce qui garantit la cohérence du code à travers différentes parties d'un projet. De plus, elles sont souvent conçues pour être portables, fonctionnant sur différentes plateformes.

Personnalisation et Extensibilité : Les bibliothèques standard sont conçues pour être extensibles. Les développeurs peuvent ajouter leurs propres fonctionnalités en utilisant des bibliothèques tierces ou en étendant les fonctionnalités existantes.

b. Les Collections Java

Les collections Java constituent un ensemble riche de structures de données qui facilitent la manipulation, le stockage et la gestion d'ensembles d'objets. Elles font partie intégrante du langage Java et offrent aux développeurs un large éventail de choix pour répondre aux besoins spécifiques de leurs applications. Cette section explore en détail les collections Java, leurs catégories, leurs fonctionnalités et fournit des exemples concrets de leur utilisation.

Catégories de Collections : Les collections Java sont divisées en deux catégories principales : les collections simples et les collections Map. Les collections simples incluent les listes, les ensembles et les files d'attente, tandis que les collections Map associent des clés à des valeurs.

Collections Simples : Les listes, telles que ArrayList et LinkedList, permettent de stocker des éléments dans un ordre séquentiel. Les ensembles, comme HashSet et TreeSet, stockent des éléments sans doublons, tandis que les files d'attente, comme PriorityQueue, sont utilisées pour gérer des éléments en suivant une règle de priorité.

Collections Map : Les collections Map, telles que HashMap et TreeMap, permettent d'associer des clés à des valeurs. Elles sont utilisées pour stocker des données sous forme de paires clé-valeur, offrant un accès rapide aux valeurs à l'aide des clés correspondantes.

Utilisation des Collections : Les collections Java sont couramment utilisées pour des tâches telles que le tri, la recherche, l'agrégation, la gestion de données et la mise en œuvre de structures de données avancées. Par exemple, une liste peut être utilisée pour stocker des éléments et effectuer des opérations de tri, tandis qu'une carte peut être utilisée pour gérer des informations associatives.

Exemples d'Utilisation : En Java, voici un exemple d'utilisation d'une liste pour stocker des éléments et les parcourir :

java

```java
List<String> maListe = new ArrayList<>();
maListe.add("Premier élément");
maListe.add("Deuxième élément");

for (String element : maListe) {
    System.out.println(element);
}
```

Caractéristiques des Collections : Les collections Java offrent des méthodes pour ajouter, supprimer, rechercher et parcourir des éléments. Elles garantissent également une gestion de la mémoire automatique, aidant à prévenir les fuites de mémoire.

Personnalisation et Extensions : Les développeurs peuvent personnaliser les collections Java en étendant les classes de base ou en implémentant des interfaces. De plus, Java offre des bibliothèques tierces qui étendent les fonctionnalités des collections, telles que Apache Commons Collections.

c. Entrées/Sorties (I/O) en Java

Les opérations d'entrées/sorties (I/O) sont essentielles dans la programmation Java pour lire et écrire des données depuis et vers des sources externes, telles que des fichiers, des flux de réseau ou des flux de données. Cette section se penche sur les fondements de l'I/O en Java, les classes et les méthodes associées, et fournit des exemples concrets pour illustrer leur utilisation.

Flux d'Entrée et de Sortie : En Java, le flux est la manière principale de traiter les opérations d'I/O. Les flux d'entrée (InputStream) sont utilisés pour lire des données depuis une source, tandis que les flux de sortie (OutputStream) sont utilisés pour écrire des données vers une destination.

Classes de Base : Les classes de base pour l'I/O en Java comprennent InputStream, OutputStream, Reader et Writer. Ces classes fournissent des opérations de base pour lire et écrire des données.

Exemple de Lecture depuis un Fichier : Voici comment lire des données depuis un fichier en Java en utilisant un flux d'entrée (FileInputStream) et un tampon (BufferedReader) pour améliorer les performances :

java

```java
try (FileInputStream fichier = new
FileInputStream("monfichier.txt");
    BufferedReader lecteur = new
BufferedReader(new
InputStreamReader(fichier))) {
    String ligne;
    while ((ligne = lecteur.readLine()) != null) {
        System.out.println(ligne);
    }
} catch (IOException e) {
    e.printStackTrace();
}
```

Exemple d'Écriture vers un Fichier : Pour écrire des données dans un fichier, vous pouvez utiliser un flux de sortie (FileOutputStream) avec un tampon (BufferedWriter) pour améliorer l'efficacité :

java

```java
try (FileOutputStream fichier = new
FileOutputStream("nouveaufichier.txt");
```

```
    BufferedWriter      ecrivain     =     new
BufferedWriter(new
OutputStreamWriter(fichier))) {
    ecrivain.write("Donnée à écrire dans le
fichier.");
} catch (IOException e) {
    e.printStackTrace();
}
```

Classes de Haut Niveau : Java propose des classes de haut niveau, telles que File, Scanner, et PrintWriter, qui simplifient l'I/O pour des opérations courantes, telles que la lecture de fichiers texte et l'écriture de données formatées.

Gestion d'Exceptions : L'I/O en Java peut générer des exceptions, principalement de type IOException, ce qui signifie qu'une gestion appropriée des exceptions est essentielle pour garantir la robustesse des opérations I/O.

I/O Nio (New I/O) : Java offre également une API I/O Nio, qui utilise les canaux (Channel) et les tampons (Buffer) pour des opérations I/O plus rapides et plus efficaces, notamment lors de la lecture ou de l'écriture de données dans des fichiers binaires.

Chapitre 8 : Traitement des Chaînes de Caractères

a. Manipulation de Chaînes de Caractères

La manipulation de chaînes de caractères est une tâche fréquente dans la programmation, permettant de traiter et de transformer des données textuelles. En Java, la classe String est utilisée pour représenter des chaînes de caractères, et il existe de nombreuses méthodes pour effectuer des opérations de manipulation. Cette section se penche sur les aspects essentiels de la manipulation de chaînes en Java, les opérations courantes, et fournit des exemples pratiques pour illustrer leur utilisation.

La Classe String : La classe String est utilisée pour représenter des chaînes de caractères en Java. Les objets String sont immuables, ce qui signifie qu'ils ne peuvent pas être modifiés une fois créés. Cela garantit l'intégrité des données, mais nécessite la création de nouvelles instances pour les modifications.

Concaténation de Chaînes : La concaténation est l'opération de fusion de deux ou plusieurs chaînes pour en créer une nouvelle. En Java, cela peut être réalisé en utilisant l'opérateur + ou la méthode concat().

java

```java
String nom = "John";
String prenom = "Doe";
String nomComplet = nom + " " + prenom;
```

Recherche dans une Chaîne : Java propose des méthodes telles que indexOf(), lastIndexOf(), contains() et startsWith() pour rechercher des sous-chaînes dans une chaîne principale.

java

```java
String texte = "Ceci est un exemple de texte.";
int position = texte.indexOf("exemple");
```

Découpage de Chaînes : Vous pouvez diviser une chaîne en utilisant la méthode split(). Elle prend un délimiteur en paramètre et renvoie un tableau de sous-chaînes.

java

```java
String phrase = "Ceci est une phrase d'exemple.";
String[] mots = phrase.split(" ");
```

Modification de la Casse : Vous pouvez modifier la casse des caractères dans une chaîne en utilisant les méthodes toUpperCase(), toLowerCase(), et substring().

java

```java
String texte = "Exemple de Texte";
```

```java
String minuscules = texte.toLowerCase();
```

Remplacement de Chaînes : La méthode replace() permet de remplacer toutes les occurrences d'une sous-chaîne par une autre.

java

```java
String texte = "Remplacez les espaces par des tirets.";
String nouveauTexte = texte.replace(" ", "-");
```

Formatage de Chaînes : Java offre plusieurs méthodes pour formater des chaînes, telles que String.format() et System.out.printf(), qui permettent de créer des chaînes formatées en utilisant des spécificateurs de format.

java

```java
String format = "Bonjour, %s! Vous avez %d ans.";
```

```
String message = String.format(format, "John",
30);
```

En conclusion, la manipulation de chaînes de caractères est une compétence essentielle en programmation. En utilisant les méthodes fournies par la classe String et d'autres classes associées, les développeurs Java peuvent effectuer une variété d'opérations sur les chaînes pour traiter, analyser et formater les données textuelles de manière efficace.

b. Expressions Régulières

Les expressions régulières, souvent appelées regex, sont un outil puissant pour la recherche et la manipulation de motifs de texte. En Java, elles sont implémentées via la classe java.util.regex, fournissant une API robuste pour travailler avec des chaînes de caractères complexes. Cette section explore en détail les expressions régulières en Java, leurs composants, leur utilisation et fournit des exemples concrets.

Introduction aux Expressions Régulières : Les expressions régulières sont des modèles de texte qui permettent de rechercher, d'extraire ou de manipuler des données textuelles en fonction de motifs spécifiques. Elles sont largement utilisées pour valider des données, extraire des informations d'un texte, et effectuer des opérations de recherche et de remplacement.

Composants des Expressions Régulières : Les expressions régulières sont constituées de caractères littéraux (par exemple, des lettres et des chiffres) et de métacaractères qui définissent des modèles. Les métacaractères incluent . (tout caractère), * (zéro ou plusieurs occurrences), + (une ou plusieurs occurrences), ? (zéro ou une occurrence), [] (classe de caractères), () (groupe de capture), et bien d'autres.

Classe Pattern et Matcher : En Java, l'API d'expressions régulières utilise la classe Pattern pour représenter un modèle regex et la classe Matcher pour appliquer ce modèle à une chaîne de caractères. L'ensemble du processus de correspondance se fait en trois étapes : compilation du modèle, création d'un objet Matcher, puis utilisation de méthodes pour effectuer des opérations de recherche ou de remplacement.

Recherche de Correspondances : La méthode matches() de l'objet Matcher permet de vérifier si l'ensemble de la chaîne correspond au modèle regex. La méthode find() recherche des occurrences du modèle dans la chaîne.

Groupe de Capture : Les groupes de capture, définis en utilisant les parenthèses dans le modèle regex, permettent d'extraire des sous-parties de la chaîne correspondante. Par exemple, pour extraire des numéros de téléphone d'un texte.

Exemples d'Utilisation : Voici un exemple d'utilisation des expressions régulières en Java pour vérifier si une chaîne de caractères correspond à un numéro de téléphone américain valide :

java

```
String texte = "Mon numéro est : 555-123-4567";
String modele = "\\d{3}-\\d{3}-\\d{4}";
Pattern pattern = Pattern.compile(modele);
Matcher matcher = pattern.matcher(texte);
boolean correspondance = matcher.matches();
```

Remplacement avec les Expressions Régulières : Les expressions régulières peuvent également être utilisées pour effectuer des opérations de remplacement, par exemple, pour masquer des numéros de téléphone dans un texte.

Chapitre 9 : Interfaces Utilisateur Graphiques

a. Introduction aux Interfaces Graphiques

Les Interfaces Utilisateur Graphiques (IUG), également connues sous le nom d'UI (User Interface) en informatique, sont des éléments visuels et interactifs qui permettent aux utilisateurs d'interagir avec un logiciel ou une application. Les IUG sont essentielles pour rendre les applications conviviales et intuitives. Cette section se penche sur les concepts fondamentaux des IUG, leurs composants, leurs rôles et fournit des exemples concrets de leur utilisation.

Définition d'une Interface Utilisateur Graphique : Une Interface Utilisateur Graphique est un moyen par lequel un utilisateur peut interagir avec un logiciel ou une application à travers des éléments visuels, tels que des boutons, des fenêtres, des menus, des champs de texte, des cases à cocher, etc. Ces éléments permettent à l'utilisateur de donner des instructions au logiciel et de recevoir des informations.

Composants des IUG : Les IUG sont composées de nombreux éléments interactifs, dont les boutons pour déclencher des actions, les zones de texte pour entrer des données, les listes déroulantes pour la sélection d'éléments, les fenêtres pour afficher des informations, et bien d'autres. Ces composants sont organisés de manière à former une interface conviviale.

Interaction avec l'Utilisateur : Les IUG permettent aux utilisateurs d'interagir avec le logiciel en effectuant des actions telles que cliquer sur des boutons, saisir des données, faire glisser des éléments, et bien plus. Les actions de l'utilisateur sont ensuite traitées par le logiciel conformément aux fonctionnalités définies.

Exemple d'IUG : Un exemple courant d'IUG est une fenêtre de messagerie électronique. Elle contient des boutons pour écrire, envoyer et supprimer des e-mails, des zones de texte pour la rédaction de messages, des listes de messages reçus, etc. L'utilisateur peut interagir avec ces éléments pour gérer ses e-mails.

Types d'IUG : Il existe différents types d'IUG, y compris les interfaces de bureau, les interfaces web, les applications mobiles, les interfaces tactiles, etc. Chacun de ces types a ses caractéristiques propres pour répondre aux besoins spécifiques de la plateforme et de l'application.

Conception d'IUG : La conception d'IUG est un processus important qui implique la création de maquettes, de prototypes, de tests d'utilisabilité et d'itérations pour s'assurer que l'interface est intuitive et efficace.

Importance de l'IUG : Une bonne IUG est cruciale pour l'adoption et le succès d'une application. Elle contribue à l'expérience de l'utilisateur, à la réduction des erreurs, à la productivité et à la satisfaction de l'utilisateur. Une mauvaise IUG peut entraîner des frustrations et un rejet de l'application.

b. Bibliothèques Graphiques en Java

Les bibliothèques graphiques en Java sont des outils essentiels pour créer des Interfaces Utilisateur Graphiques (IUG) interactives et visuellement attrayantes. Elles offrent un large éventail de composants graphiques et de fonctionnalités pour faciliter la conception d'applications conviviales. Cette section explore en détail les bibliothèques graphiques en Java, leurs caractéristiques, leurs composants clés, et fournit des exemples concrets de leur utilisation.

Introduction aux Bibliothèques Graphiques : Les bibliothèques graphiques en Java sont des ensembles de classes et de composants destinés à la création d'IUG. Elles fournissent des outils pour concevoir des interfaces visuelles interactives, telles que des fenêtres, des boutons, des zones de texte, des listes déroulantes, des graphiques, etc.

Bibliothèques Swing et JavaFX : En Java, deux bibliothèques graphiques principales sont largement utilisées : Swing et JavaFX. Swing est une bibliothèque classique qui offre une grande flexibilité et a été utilisée pendant de nombreuses années. JavaFX est une bibliothèque plus moderne qui est intégrée de manière native dans Java à partir de la version 8, offrant des fonctionnalités avancées pour la création d'IUG.

Composants Graphiques : Ces bibliothèques offrent une variété de composants graphiques, tels que des boutons, des étiquettes, des champs de texte, des zones de dessin, des arbres, des tables, etc. Chaque composant a un rôle spécifique dans l'interface utilisateur et peut être personnalisé en fonction des besoins de l'application.

Exemple d'Utilisation de Swing : Voici un exemple simple d'utilisation de la bibliothèque Swing pour créer une fenêtre avec un bouton :

java

```java
import javax.swing.*;

public class FenetreSwing {
    public static void main(String[] args) {
        JFrame fenetre = new JFrame("Exemple Swing");
        JButton bouton = new JButton("Cliquez-moi");
        fenetre.add(bouton);
        fenetre.setSize(300, 200);
```

```
fenetre.setDefaultCloseOperation(JFrame.EXIT
_ON_CLOSE);
    fenetre.setVisible(true);
  }
}
```

Exemple d'Utilisation de JavaFX : De même, voici un exemple utilisant JavaFX pour créer une fenêtre avec un bouton :

java

```java
import javafx.application.Application;
import javafx.scene.Scene;
import javafx.scene.control.Button;
import javafx.stage.Stage;

public class FenetreJavaFX extends Application
{
  @Override
  public void start(Stage stage) {
```

```java
    Button bouton = new Button("Cliquez-
moi");
    Scene scene = new Scene(bouton, 300,
200);
    stage.setScene(scene);
    stage.setTitle("Exemple JavaFX");
    stage.show();
  }

  public static void main(String[] args) {
    launch(args);
  }
}
```

Personnalisation et Styles : Ces bibliothèques permettent de personnaliser l'apparence des composants et d'appliquer des styles pour créer des IUG uniques. Vous pouvez également ajouter des événements pour gérer les interactions de l'utilisateur avec les composants.

Réactivité et Animation : JavaFX offre des fonctionnalités avancées pour créer des animations et des IUG réactives, facilitant la création d'applications interactives et visuellement attrayantes.

Chapitre 10 : Accès aux Bases de Données

a. Connectivité aux Bases de Données

La connectivité aux bases de données est un aspect essentiel du développement logiciel, permettant aux applications de stocker, d'accéder et de manipuler des données de manière persistante. Java offre un support robuste pour la connectivité aux bases de données, facilitant l'intégration des applications avec différents systèmes de gestion de bases de données (SGBD). Cette section se penche sur les concepts fondamentaux de la connectivité aux bases de données en Java, les méthodes de connexion, les opérations de base et fournit des exemples concrets.

Introduction à la Connectivité aux Bases de Données : La connectivité aux bases de données fait référence à la capacité d'une application à interagir avec une base de données pour stocker et récupérer des données. Cette interaction est essentielle pour de nombreuses applications, notamment les systèmes d'information, les applications web, les applications de bureau, etc.

JDBC (Java Database Connectivity) : En Java, JDBC est l'API standard pour la connectivité aux bases de données. Il fournit des classes et des interfaces pour établir des connexions aux SGBD, exécuter des requêtes SQL, gérer des transactions et récupérer des résultats.

Établissement de Connexions : Pour établir une connexion à une base de données, on utilise la classe java.sql.Connection. Voici un exemple de connexion à une base de données MySQL :

java

```java
import java.sql.Connection;
```

```java
import java.sql.DriverManager;
import java.sql.SQLException;

public class ConnexionBaseDeDonnees {
  public static void main(String[] args) {
    String url =
"jdbc:mysql://localhost:3306/ma_base_de_donn
ees";
    String utilisateur = "utilisateur";
    String motDePasse = "mot_de_passe";

    try {
      Connection connexion =
DriverManager.getConnection(url, utilisateur,
motDePasse);
    } catch (SQLException e) {
      e.printStackTrace();
    }
  }
}
```

Exécution de Requêtes SQL : Une fois la
connexion établie, on peut exécuter des

requêtes SQL en utilisant la classe java.sql.Statement. Par exemple, pour exécuter une requête SELECT :

java

```java
import java.sql.Connection;
import java.sql.Statement;
import java.sql.ResultSet;
import java.sql.SQLException;

// ...

try {
    Statement statement = connexion.createStatement();
    ResultSet resultat = statement.executeQuery("SELECT * FROM ma_table");
    while (resultat.next()) {
        // Traitement des données récupérées
    }
} catch (SQLException e) {
```

```
  e.printStackTrace();
}
```

Transactions : Les transactions permettent de garantir l'intégrité des données en assurant que des opérations multiples sont exécutées avec succès ou annulées si une erreur se produit. Les transactions en JDBC sont gérées à l'aide de la classe java.sql.Connection.

Prévention des Injections SQL : Il est essentiel de prévenir les attaques par injection SQL en utilisant des requêtes préparées ou en échappant correctement les valeurs fournies par l'utilisateur dans les requêtes SQL.

Pool de Connexions : Pour optimiser les performances, les applications Java utilisent souvent des pools de connexions pour réutiliser les connexions existantes au lieu d'en créer de nouvelles à chaque demande.

b. Requêtes SQL

Les requêtes SQL (Structured Query Language) sont un élément fondamental de la gestion et de la manipulation des bases de données relationnelles. Elles permettent d'interagir avec les données stockées dans une base de données en extrayant, mettant à jour, supprimant ou ajoutant des informations. Cette section explore en détail les requêtes SQL, leurs composants, leur syntaxe, et fournit des exemples concrets pour illustrer leur utilisation.

Introduction aux Requêtes SQL : Les requêtes SQL sont des instructions spécifiques à un SGBD (Système de Gestion de Bases de Données) qui permettent d'interagir avec les données stockées. Elles sont utilisées pour extraire des données, effectuer des mises à jour, supprimer des enregistrements et insérer de nouvelles informations dans une base de données.

Structure de Base : Une requête SQL de base est structurée autour de plusieurs clauses essentielles, dont SELECT, FROM, WHERE, UPDATE, DELETE, et INSERT. Ces clauses permettent de spécifier ce que la requête doit faire et sur quelles tables elle doit agir.

Sélection de Données : La clause SELECT est utilisée pour extraire des données de la base de données. Par exemple, pour sélectionner toutes les lignes de la table "clients" :

sql

```sql
SELECT * FROM clients;
```

Filtres et Conditions : La clause WHERE permet de définir des filtres et des conditions pour limiter les résultats de la requête. Par exemple, pour sélectionner les clients dont le nom est "Smith" :

sql

```sql
SELECT * FROM clients WHERE nom = 'Smith';
```

Mises à Jour de Données : Les requêtes SQL permettent également de mettre à jour des données dans une base de données en utilisant la clause UPDATE. Par exemple, pour changer le nom d'un client :

sql

```sql
UPDATE clients SET nom = 'NouveauNom' WHERE id = 1;
```

Suppression de Données : La clause DELETE est utilisée pour supprimer des enregistrements de la base de données. Par exemple, pour supprimer un client :

sql

```sql
DELETE FROM clients WHERE id = 1;
```

Insertion de Données : Pour ajouter de nouvelles données, la clause INSERT est utilisée. Par exemple, pour ajouter un nouveau client :

sql

```
INSERT INTO clients (nom, prenom, email) VALUES ('Doe', 'John', 'john.doe@email.com');
```

En conclusion, les requêtes SQL sont des outils essentiels pour interagir avec des bases de données relationnelles. Elles permettent d'extraire, de mettre à jour, de supprimer et d'ajouter des données. La maîtrise des requêtes SQL est une compétence cruciale pour les développeurs et les administrateurs de bases de données, car elle permet de gérer efficacement les données dans des applications et des systèmes d'information. Les exemples fournis illustrent les différentes opérations que l'on peut réaliser avec des requêtes SQL de base.

Chapitre 11 : Développement Web en Java

a. Servlets et JSP

Les Servlets et JSP sont des composants clés dans le développement d'applications web en Java. Ils permettent la création de pages web dynamiques et interactives en utilisant le modèle de conception MVC (Modèle-Vue-Contrôleur). Cette section explore en détail les Servlets et JSP, leurs rôles, leurs fonctionnalités, et fournit des exemples concrets pour illustrer leur utilisation.

Introduction aux Servlets et JSP : Les Servlets et JSP sont des technologies Java destinées au développement d'applications web. Les Servlets gèrent la logique de traitement des requêtes, tandis que les JSP sont utilisées pour créer la vue des pages web. Ensemble, ils permettent la séparation de la logique applicative (Servlets) et de la présentation (JSP), conformément au modèle MVC.

Servlets : Les Servlets sont des classes Java qui étendent la classe javax.servlet.http.HttpServlet. Ils reçoivent des requêtes HTTP, effectuent des opérations en fonction de ces requêtes, puis renvoient une réponse HTTP au client. Voici un exemple simple de Servlet :

java

```java
import javax.servlet.*;
import javax.servlet.http.*;
import java.io.IOException;


public class MonServlet extends HttpServlet {
   protected void doGet(HttpServletRequest request, HttpServletResponse response)
      throws ServletException, IOException {
   // Logique de traitement
```

```
    }
}
```

JSP : Les JSP sont des pages web dynamiques qui intègrent du code Java directement dans le code HTML. Elles utilisent des balises spéciales pour incorporer du code Java, ce qui permet de générer dynamiquement du contenu. Voici un exemple de JSP :

jsp

```
<%@ page language="java"
contentType="text/html; charset=UTF-8"
pageEncoding="UTF-8"%>
<!DOCTYPE html>
<html>
<head>
  <title>Exemple JSP</title>
</head>
<body>
  <%
    String message = "Bonjour, Monde!";
```

```
    out.println(message);
  %>
</body>
</html>
```

Modèle MVC : Les Servlets sont généralement responsables du contrôleur (Controller) dans le modèle MVC, tandis que les JSP servent de vue (View). Le modèle (Model) est géré par des classes Java qui représentent les données et la logique métier.

Communication entre Servlets et JSP : Les Servlets et les JSP communiquent entre eux pour générer des pages web dynamiques. Les Servlets peuvent définir des attributs dans l'objet request ou session, que les JSP peuvent ensuite utiliser pour afficher des données.

Création de Formulaires : Les Servlets sont souvent utilisés pour traiter les soumissions de formulaires HTML. Ils extraient les données du formulaire et les traitent, puis renvoient une réponse qui peut inclure une JSP pour afficher le résultat.

Gestion des Sessions et des Cookies : Les Servlets sont également utilisés pour gérer les sessions utilisateur et les cookies. Ils peuvent stocker des informations dans les sessions et créer des cookies pour suivre l'état de l'utilisateur.

b. Frameworks de Développement Web

Les frameworks de développement web sont des outils essentiels pour simplifier et accélérer le processus de création d'applications web. Ils fournissent une structure, des bibliothèques et des fonctionnalités prêtes à l'emploi, permettant aux développeurs de se concentrer sur la logique métier plutôt que sur les aspects techniques. Cette section explore en détail les frameworks de développement web en Java, leurs caractéristiques, leurs avantages, et fournit des exemples concrets pour illustrer leur utilisation.

Introduction aux Frameworks de Développement Web : Les frameworks web sont des ensembles d'outils, de bibliothèques et de conventions qui facilitent le développement d'applications web. Ils fournissent une structure de base pour organiser le code, gérer les requêtes HTTP, et simplifier la gestion des sessions et des cookies.

Types de Frameworks Web : Il existe de nombreux frameworks web en Java, chacun adapté à des besoins spécifiques. Par exemple, Spring Framework est largement utilisé pour le développement d'applications web d'entreprise, tandis que des frameworks plus légers comme Spark et Play Framework conviennent aux applications web plus simples.

Caractéristiques Clés : Les frameworks web offrent des fonctionnalités telles que la gestion des URL, l'inversion de contrôle (IoC), l'intégration avec les bases de données, la sécurité, la gestion des sessions, la gestion des templates, etc.

Exemple d'Utilisation de Spring Framework : Spring est l'un des frameworks les plus populaires en Java. Il facilite la création de contrôleurs pour gérer les requêtes web. Voici un exemple de contrôleur Spring qui répond à une requête GET :

java

```java
@Controller
public class MonControleur {
  @GetMapping("/page")
  public String maPage(Model model) {
    model.addAttribute("message", "Bonjour, Monde!");
    return "ma-vue";
  }
}
```

Avantages des Frameworks Web : Les frameworks web offrent de nombreux avantages, tels que la réutilisation du code, la cohérence de la structure, la sécurité intégrée, la facilité de test, la maintenance simplifiée, etc.

Sécurité : Les frameworks web intègrent souvent des fonctionnalités de sécurité pour protéger les applications contre les attaques courantes, telles que les injections SQL et les failles de sécurité.

Productivité : En réduisant la quantité de code répétitif et en fournissant des modèles et des composants prêts à l'emploi, les frameworks web améliorent la productivité des développeurs, leur permettant de se concentrer sur les fonctionnalités métier.

CONCLUSION

Ce livre, dédié à la programmation en Java, a parcouru un vaste terrain allant des concepts de base aux aspects avancés de la programmation Java. Il a offert une exploration approfondie du monde de Java, le langage de programmation polyvalent et largement utilisé, en se concentrant sur des sujets clés et en fournissant des exemples pratiques pour guider les lecteurs dans leur apprentissage.

Le voyage a débuté avec une plongée dans l'histoire et les origines de Java, offrant un contexte pour comprendre comment le langage est devenu un acteur majeur de l'informatique. Ensuite, le lecteur a été guidé à travers l'environnement de développement Java, les premiers pas dans la programmation Java, la syntaxe, les variables, les opérations et les structures de contrôle.

Au fur et à mesure de la progression dans le livre, des sujets essentiels tels que les fonctions, la programmation orientée objet, les classes et les objets, l'héritage, la gestion de la mémoire et l'utilisation de bibliothèques standard ont été explorés en détail. Les collections Java, les E/S, la manipulation de chaînes, les expressions régulières, la connectivité aux bases de données et les frameworks de développement web ont également été abordés.

En fin de compte, ce livre vise à armer les lecteurs avec une compréhension approfondie de la programmation en Java et les compétences nécessaires pour développer des applications Java efficaces. Il a offert des exemples concrets, des conseils pratiques et une vue d'ensemble complète des concepts clés, des techniques et des outils qui font de Java un langage de choix pour une variété de domaines, de l'informatique d'entreprise aux applications web dynamiques.

Nous espérons que ce voyage à travers Java a renforcé vos connaissances et votre confiance en tant que développeur Java, et que les compétences acquises vous serviront dans vos projets actuels et futurs. La programmation en Java est une aventure continue, avec de nombreuses opportunités d'apprentissage et d'exploration. Ce livre n'est qu'un point de départ, et nous vous encourageons à poursuivre votre quête de maîtrise de ce langage puissant et polyvalent. Bon voyage dans le monde de Java !

www.ingramcontent.com/pod-product-compliance
Lightning Source LLC
La Vergne TN
LVHW051247050326
832903LV00028B/2614